SIMPLES

SOUVENIRS

—

1875.

SIMPLES

SOUVENIRS

ROUEN. — IMPRIMERIE E. CAGNIARD.

—

1875.

EDOUARD KEITTINGER.

Pour faire mieux comprendre les richesses morales dont le christianisme a doté l'humanité, Mg^r Gerbet, dans son beau livre sur les sacrements d'Eucharistie et de Pénitence, suppose un dialogue entre Platon et Fénelon, où il nous montre l'évêque chrétien, répondant aux doutes, aux problèmes, aux pressentiments, que le plus sublime représentant de la civilisation payenne portait dans son âme. La suite de leur entretien les place en face de la mort, et à ce propos, Mg^r Gerbet met dans la bouche de Fénelon, ces touchantes

paroles. « La mort du chrétien est le
« chef-d'œuvre de la parole de vie,
« et comme la confession qui purifie
« l'homme, le prépare à recevoir tous
« les dons divins, elle a sa part, sa
« grande part, dans la création des
« saintes morts. C'est alors surtout,
« c'est sur le seuil de l'éternité, que
« l'âme de l'humble chrétien appa-
« raît dans ses magnifiques propor-
« tions, et si je puis le dire, avec
« cette haute stature morale que n'ont
« jamais eue les plus illustres
« mourants de notre ancien monde.
« Socrate, votre maître, Socrate dis-
« sertant en face de la mort pour
« prouver qu'elle n'est pas un mal,
« était-il aussi grand, dites-moi,
« aussi beau, que ce philosophe
« chrétien qui résumait toute sa sa-
« gesse en ce dernier trait de lu-
« mière : « *Je ne croyais pas qu'il fut*
« *si doux de mourir !* » Si vous aviez
« à faire le portrait de ces deux têtes,

« pour laquelle réserveriez-vous l'ex-
« pression la plus inspirée? l'un
« pardonnait à la mort, l'autre l'em-
« brassa. « *Pourquoi pleurez-vous ?*
« *Est-ce donc un péché de mourir ?* »
« disait un jeune villageois expirant,
« à sa famille agenouillée autour de
« lui. De pareils mots nous sont vul-
« gaires. O vous qui avez écrit le
« Phédon, vous, le peintre à jamais
« admiré d'une immortelle agonie;
« que ne vous est-il donné d'être le
« témoin de ce que nous voyons de
« nos yeux, de ce que nous enten-
« dons de nos oreilles, de ce que
« nous saisissons de tous les sens in-
« times de l'âme, lorsque, par un
« concours de circonstances que
« Dieu a faites, par une complica-
« tion rare de joies et de douleurs, la
« mort chrétienne se révélant sous
« un jour nouveau, ressemble à une
« de ces soirées extraordinaires, dont
« le crépuscule a des teintes incon-

« nues et sans nom. Quels tableaux
« alors! Quelles apparitions! Vous
« en citerai-je une, ô Platon ? Oui,
« au nom du Ciel, je vous la dirai.
« Je l'ai vue il y a quelques jours;
« mais dans cent ans, je dirais en-
« core qu'il n'y a que quelques jours
« que je l'ai vue. » Et Fénelon met
sous les yeux de Platon l'émouvant
tableau de la mort d'Albert de la
Féronnays, que tous les amis des
saines lectures ont lu dans le *Récit
d'une Sœur,* et dont Sainte-Beuve
a dit, quelque part, que c'est
peut-être la plus belle page qu'ait
produite la littérature contempo-
raine. J'ai été moi-même le témoin
d'une de ces morts précieuses. J'ai
cru que c'était pour moi un devoir
d'en recueillir les principaux détails;
sinon pour l'édification du grand
nombre à qui ces pages tout intimes
ne sont pas destinées; au moins pour
la consolation de la chrétienne fa-

mille à qui le Seigneur a demandé ce douloureux sacrifice.

Je n'ai point à écrire la vie d'Edouard Keittinger, aussi n'en dirai-je que ce qui est nécessaire pour aider à comprendre le mystère de sa mort. On peut dire de cet aimable adolescent, « qu'il fut *prévenu* par le Ciel de toutes *les bénédictions de la douceur* [1] ». Sur le billet mortuaire, qui avait pour but de solliciter des prières pour le repos de son âme, on a dit en toute vérité, que le sein dont il fut nourri, comme celui de l'épouse du *Cantique des Cantiques, lui fut meilleur que le vin* [2]. Le sein maternel distilla en effet pour lui, avec le lait qui fut le premier élément de sa vie naturelle, le lait substantiel d'une foi vive qui développa de bonne heure le germe de la vie surnaturelle

[1] Ps. 20, 4.
[2] *Cant. des Cant.* 1, 1.

et divine, qu'il avait reçue au baptême. Le billet ajoutait que, *dès sa plus tendre enfance, il apprit à craindre Dieu et à s'abstenir de tout péché* [1].

Un sentiment d'humilité qu'on dut respecter, n'avait pas permis de reproduire le texte sacré dans toute sa simplicité ; et cependant, ceux qui ont connu la tendre sollicitude avec laquelle un œil jaloux veilla sur les premiers pas de ce cher enfant, savent bien, qu'à l'exemple du jeune Tobie, dans cette science sacrée, il n'eut pas de précepteur plus dévoué, ni de guide plus éclairé que son père.

Mon enfant, crains Dieu et observe ses commandements, car c'est là tout l'homme [2].

Voilà l'austère maxime qui présida à l'éducation d'Edouard Keittin-

[1] *Tob.* 1, 10.
[2] *Eccl.* 12, 13.

ger, et qui était la conclusion de toutes les leçons qu'il recevait au foyer domestique. Cette bonne semence avait germé dans son cœur, et, avec les années, elle y prenait de nouveaux accroissements. Pour peu qu'on l'ait connu et fréquenté, on a pu aisément se convaincre que, dès le premier usage de sa raison, la crainte de déplaire à Dieu fut pour lui la grande règle de conduite et la principale conseillère. Il n'était pas scrupuleux; sa douce gaîté, son aimable enjouement, étaient là pour attester qu'il servait le Seigneur, non pas avec cet esprit de servitude contre lequel l'apôtre veut que nous nous tenions en garde; mais *avec la sainte liberté des enfants de Dieu* [1]. Autant sa conscience était à l'aise, là où il n'y avait que des récréations innocentes, autant elle devenait délicate

[1] *Ad. Rom.*

et ombrageuse, dès qu'il voyait poindre la moindre apparence de péché. Avec ces heureuses dispositions, que développaient de jour en jour les leçons et les exemples dont Edouard Keittinger était environné, on peut facilement se rendre compte de la parfaite préparation d'esprit et de cœur qu'il apporta au grand acte de sa première communion. On a retrouvé dans ses notes, les preuves des chrétiennes préoccupations qui, à la veille de cette sainte démarche, absorbaient son âme toute entière. Qu'il nous suffise de citer ces prières, qui ont été retrouvées écrites de sa propre main, et qu'il gardait précieusement: le style nous laisse supposer qu'elles ne venaient pas uniquement de lui; un enfant de onze ans ne rend point d'ordinaire sa pensée avec cette pureté de forme. Sans doute, ces nobles sentiments lui avaient été suggérés dans quelqu'une des instructions de la retraite, dans l'excellente Institution Jouin-Lambert, où il reçut pour la première fois la visite de son Dieu. Mais les quelques fautes d'orthographe qu'on peut compter dans le manuscrit d'Edouard en ne nous permettant pas de croire qu'il en eût copié l'expression, nous sont un sûr garant de la force avec laquelle ces pieux conseils s'étaient gravés dans sa mémoire, et de la docilité avec laquelle il les avait fait siens.

« Répandez, ô mon Dieu, vos bé-
« nédictions sur nos maîtres, nos
« bienfaiteurs, nos amis ; répandez-
« les sur ceux qui, par leurs prières,
« ont contribué à notre bonheur,
« mais surtout, nous vous en conju-
« rons, répandez-les sur ces Parents
« à qui nous devons tout, et qui
« nous sont si chers : sanctifiez-les,
« sauvez-les, sauvez-nous avec eux,
« afin que, réunis dans le royaume

« céleste, au pied de votre trône, ô
« mon Dieu, les parents et les en-
« fants puissent vous y voir et vous
« y bénir à jamais.

« Daignez graver dans nos cœurs
« les saints engagements que nous
« venons de contracter aux pieds de
« vos autels, et confirmez la résolu-
« tion où nous sommes d'y être fi-
« dèles jusqu'au dernier soupir de
« notre vie. »

Ces quelques détails suffiront; mais
ils nous semblent nécessaires pour
bien faire comprendre l'attitude
pleine de foi et de force que prit
Edouard Keittinger en face de la
maladie et de la mort.

Il avait environ seize ans, lorsque
vers la fin de l'hiver 1873, à la suite
d'un crachement de sang assez abon-
dant, il dut quitter l'Institution du
Boisguillaume, pour revenir à la
maison paternelle. Les premiers mois
se passèrent pour les siens, dans de

continuelles alternatives d'inquiétudes et d'espérances. Pour lui, ils se
passèrent dans une constante et parfaite conformité à la volonté de Dieu.
Tous ceux qui le servaient ou qui
l'approchaient, se retiraient aussi
charmés qu'édifiés de cette douceur
et de cette grâce qu'ils lui avaient
connues aux jours de la santé ; mais
qu'ils s'étonnaient de lui voir garder
au même degré, durant les longues
semaines de l'infirmité et de la maladie. Il y avait une joie dont il sentait vivement la privation, qu'il ne
goûta qu'une fois dans une période
de plus de six mois ; c'était celle d'assister aux offices de l'Eglise, dont les
fêtes étaient pour lui les plus belles et
les plus désirées. Il suffisait de lui
rappeler que tel était le bon plaisir
de son Père céleste, pour qu'aussitôt
on recueillît dans un gracieux sourire, dans une parole de foi, le témoi-
gnage de son entier acquiescement,

et, sur ce point, la conviction d'Edouard était si ferme, qu'il entendait toujours être bien fixé sur ce que lui demandait la volonté divine. Dans le cours de sa maladie, ses proches ne cessaient d'adresser au Ciel pour sa guérison, les plus ardentes supplications; Edouard s'unissait à ces supplications, avec une ferveur d'autant plus naturelle, qu'il était à un âge et dans une condition où la vie s'ouvrait devant lui avec ses plus riantes perspectives. Afin de rendre les prières plus efficaces, on se dit un jour, que le cher malade devrait s'engager par quelque généreuse promesse envers le Seigneur, s'il daignait lui rendre la santé. Edouard était prêt à faire tout ce qui serait jugé meilleur pour obtenir le bienfait sollicité; mais il voulait savoir au juste à quoi il serait engagé. Sa conscience si délicate s'alarmait à la pensée d'une obligation dont l'exécution pourrait plus tard lui laisser sur sa fidélité à l'accomplir, l'ombre d'un doute ou d'une inquiétude; et même à ce prix, la santé lui eut semblé achetée trop cher. Son confesseur lui conseilla de s'engager à servir Dieu pour le reste de son existence, dans la mesure qui serait selon les temps, déterminée par le directeur de son âme. Une fois qu'il fut ainsi fixé par l'obéissance, et sur la nature de cette promesse, et sur les moyens qu'il aurait d'en calculer l'étendue, il la fit avec simplicité et liberté d'esprit.

Cet entier acquiescement au bon plaisir divin avait sa source et puisait son aliment dans l'esprit de prière.

Edouard Keittinger avait un grand attrait pour la prière et surtout pour la prière collective. Nous venons de dire quelle privation c'était pour lui de ne pouvoir participer **aux** assemblées du culte public. Voulait-on lui adoucir sur son lit de repos l'amertume de cette privation? On n'avait qu'à lui proposer une prière en commun; il se hâtait de prendre et d'ouvrir son petit bénitier d'argent qu'il tenait toujours à sa portée, offrait de l'eau bénite à tous les assistants et les invitait ainsi à réaliser au plus vite la sainte pensée qui venait d'être suggérée.

Les exercices du mois de Marie commençaient à une époque où la prudence l'obligeait à garder sa cellule. Pour lui, c'était une peine de ne pouvoir s'associer à cette touchante pratique parmi les rangs de la famille paroissiale. Il avait pour cette divine Mère une si tendre dévotion! Mais quelles charmantes industries ne déploya-t-il pas pour honorer et faire honorer dans sa propre maison la Vierge immaculée! De concert avec ses pieuses et bien-aimées sœurs, dont il dirigeait le zèle, il avait, avec un goût exquis et une piété toute filiale, dressé un oratoire à Marie, et pour qu'elle fût glorifiée à chaque instant de la journée, il lui avait organisé comme une garde d'honneur. A une heure fixée pour chacun, tous les membres de la famille, à partir de la vénérable aïeule jusqu'au plus humble des domestiques, devaient venir réciter devant l'autel de la Mère de Dieu un *Ave Maria*. Ceux-là seuls s'étonneraient de voir les domestiques partageant avec leurs maîtres le soin de venir rendre à Marie les hommages de la famille, qui ne savent pas avec quelle fidélité sont gardées, dans le foyer où avait grandi Edouard Keittinger, les vénérables traditions des siècles chrétiens, et que, comme l'indique l'étymologie du mot, les domestiques font partie de la famille et sont associés à toutes

ses joies comme à toutes ses douleurs.

Edouard veillait avec une filiale
sollicitude à ce que chacun fut fidèle
au rendez-vous qui lui était assigné ;
que si quelqu'un devait se trouver
empêché pour un motif légitime,
Edouard voulait être averti, parce
qu'alors il se donnait la mission,
qu'il partageait quelquefois avec sa
jeune sœur, de remplacer les absents.
Le soir, toute la famille se réunissait
devant l'image de Marie pour lui
rendre un dernier hommage ; la
réunion se terminait par une dizaine
de chapelet et le chant d'un can
tique.

Nous nous souvenons, avec une
douce et salutaire émotion, qu'il
nous fut donné un soir d'assister à
une de ces naïves et touchantes réu-
nions dont Edouard Keittinger était
l'âme ; nous y chantions un cantique où nous disions à Marie :

De l'orphelin, séchez les pleurs ;
Du pauvre allégez les douleurs.

Pendant que nous le chantions, nous voyions se dérouler devant nos regards attendris le long cortége de ces orphelins et de ces pauvres, dont sa famille fait, pour ainsi dire, sa principale tâche de soulager et d'adoucir les infortunes ; et nous demandions dans le secret de notre âme, et tous les cœurs qui étaient là, nous n'en pouvons pas douter, demandaient avec nous à la Consolatrice des affligés, qu'elle sauvât la précieuse existence que nous sentions si menacée de ce cher enfant, destiné plus qu'aucun autre, il nous le semblait, à continuer parmi nous, les traditions de foi et de charité dont il avait été nourri. « *Mais mes pensées,* « *dit le Seigneur, ne sont pas vos* « *pensées ; ni vos voies ne sont pas* « *mes voies. Autant le Ciel est au-*

« *dessus de la terre, autant mes*
« *pensées sont au-dessus de vos*
« *pensées, et mes voies au-dessus de*
« *vos voies*[1]. »

En étudiant la marche et les progrès de la maladie qui consumait Edouard Keittinger, et que ne parvenaient pas à arrêter les plus ferventes et les plus persévérantes prières, par lesquelles ils s'efforçaient de le disputer au Ciel qui en était jaloux, ses proches et ses amis entrevoyaient trop clairement que le Dieu de toute sainteté regardait avec complaisance ce lis si pur et qu'il voulait le transplanter dans son parterre des cieux. Il ne nous reste plus qu'à redire avec quelle douce paix Edouard Keittinger vit se briser les derniers liens qui le rattachaient à la terre. Le caractère que revêtit sa piété dans cette lutte suprême, ce fut

[1] Isa. v. 38.

une intime union avec Dieu, fruit de son esprit de prière. Il nous semble le voir encore, étendu sur sa couche, transfiguré par les stigmates de la souffrance, qui faisaient penser au divin Crucifié ; toujours calme et souriant, parce que toujours Dieu lui faisait la grâce de conserver le sentiment actuel de sa présence. On se serait bien trompé, si l'on eut pris pour un anéantissement de ses facultés, le silence dans lequel il lui arrivait de se renfermer et qui durait parfois de longues heures. Non, s'il avait ainsi les yeux et les oreilles fermés à toutes les bagatelles et à tous les bruits d'ici-bas, c'est qu'il les tenait ouverts à de plus ravissants spectacles ou à de plus suaves harmonies. Comment en douter, lorsque s'éveillant comme d'un mystérieux sommeil, il reposait avec tant d'amour son limpide et lumineux regard sur les pieuses images dont il se

plaisait à s'environner et qui lui rap-
pelaient le souvenir des vivantes
réalités dont la contemplation l'avait
consolé, ou lorsqu'il laissait échap-
per quelqu'une de ces fortes paroles
qui révélaient mieux que tout le
reste les grâces de sanctification que
produisait pour lui son état de souffrance.

Un jour qu'il sortait d'une de ses
longues rêveries, il révélait en ces
termes à une personne qui veillait
près de lui le fruit de ses méditations : « Quoi qu'il arrive, cette ma-
« ladie sera pour le bien de mon
« âme ! Le Seigneur m'a montré
« certains écueils où mon salut au-
« rait pu être compromis. J'en com-
« prends aujourd'hui tous les dan-
« gers. Le bon Dieu me fera la
« grâce de les éviter. » Cependant on
s'inquiétait quelquefois autour de
lui du long temps qu'il mettait à
faire de courtes prières et de cette

sorte d'assoupissement qui en résultait pour lui. Lorsqu'on demandait à Edouard Keittinger la raison de ce phénomène, il répondait simplement que, dès qu'il commençait un *Ave Maria,* il se trouvait arrêté par les pensées que faisait naître dans son esprit chaque mot de la salutation angélique ; et c'est ainsi que tandis qu'on récitait auprès de lui plusieurs dizaines de chapelet, il avait, lui, à peine fini un ou deux *Ave Maria.* N'y avait-il pas là, pour le cher malade, le danger d'une excessive fatigue ? On pouvait le craindre ; aussi fut-il un jour résolu qu'on diminuerait d'une dizaine la partie du chapelet qu'on était convenu de réciter avec lui. Tout absorbé qu'il était dans sa prière, Edouard Keittinger s'aperçut très-bien de la suppression et en demanda la raison. Quelle meilleure explication pouvions-nous désirer des causes qui prolongeaient, dans une si large mesure, ses prières et ses méditations ? Toutefois, on essaya encore d'en circonscrire le thème ordinaire. A cette fin, il fallut faire appel à son confesseur, la seule autorité devant laquelle Edouard Keittinger consentait à s'incliner pleinement dès qu'il s'agissait des affaires de sa conscience. Le confesseur fut d'avis qu'il devait, en effet, abréger le temps consacré à la prière et que, pour cela, il devait fixer son attention en lisant de courtes formules qui furent désignées. Mais Edouard ne trouvait pas, sans doute, dans ces formules de quoi satisfaire aux diverses intentions qu'il avait coutume de recommander à Dieu ; voilà pourquoi, pour concilier l'obéissance avec les aspirations de son âme et de son cœur, quelques semaines avant sa mort, il voulut composer lui-même une prière qui résumât tous ses désirs,

tous ses vœux et tous ses besoins. Il
se mit aussitôt à l'écrire, et il eut la
force de tracer la première page
d'une main encore ferme et assurée.
Mais cet effort avait épuisé toute
son énergie ; il dut remettre au lendemain la continuation de sa com-
position. A voir dans son manuscrit
comment, d'un jour à l'autre, la
main est devenue tremblante et
comment l'écriture a perdu de sa
netteté, on peut mesurer avec quelle
rapidité la mort faisait son œuvre.
Je la transcris telle qu'elle est sortie
de son cœur et de sa foi :

« O bonne sainte Vierge, souve-
« nez-vous que je suis votre enfant,
« et de toutes les consécrations qui
« vous ont été faites de moi, et n'ou-
« bliez pas à l'heure de ma mort les
« grâces que je vous ai confiées le
« jour de ma première communion.
« Sainte Marie, saint Joseph, saint
« Edouard, saint Jean-Baptiste,

« mon bon Ange gardien, saint
« Labre, saint François d'Assise,
« Bienheureuse Marguerite-Marie,
« Monsieur Vianney, curé d'Ars,
« saint Michel archange, saint Ga-
« briel, saint Raphaël, saint Daniel,
« saint Clément, ma bonne petite
« mère, si vous êtes sainte, comme
« je l'espère bien ; sainte Catherine,
« saint Adrien, saint Jules, saint
« Bernard, sainte Berthe, saint An-
« dré, saint Léon, saint Pierre et
« saint Paul, ainsi que tous les
« autres saints et saintes, anges et
« archanges, Trônes et Domina-
« tions, intercédez auprès de Dieu
« pour moi, afin que j'aie la vie
« éternelle et les grâces pour y par-
« venir. O bons Saints, demandez-
« lui d'abord qu'il me pardonne
« tous mes péchés, particulièrement
« les péchés mortels, parce qu'ils
« sont plus difficiles à pardonner ;
« ensuite, demandez-lui qu'il me

« préserve dans les tentations de
« toutes sortes de péchés, particu-
« lièrement dans les tentations de
« péchés mortels, et encore plus par-
« ticulièrement du péché qui, selon
« saint Paul, ne devrait pas être
« nommé parmi les Chrétiens. Je
« m'unis, ô mon Dieu, à votre ar-
« mée céleste, pour vous demander
« ces grâces. Ainsi soit-il. »

Mon embarras serait grand, si je
devais dire ce qu'il faut le plus ad-
mirer dans cette prière d'un adolescent sentant déjà les étreintes de la
mort ou de son esprit profondément
catholique, ou de son culte des affec-
tions de la famille ou de sa touchante
naïveté.

C'est à Marie qu'il se confie par-
dessus tout, et la protection qu'il lui
demande il la réclame au nom de ce
miséricordieux titre de mère qu'elle
lui a permis de lui donner au jour
de sa première communion ; et après

elle il invoque son saint époux Joseph, le saint Précurseur de son
divin Fils, saint Jean-Baptiste, puis
les puissants fondateurs et protec-
teurs de l'Eglise, saint Pierre et
saint Paul, les saints archanges
Michel, Gabriel et Raphaël, le pro-
phète Daniel. Quand on sait que nul
plus qu'Edouard Keittinger ne
vivait de l'esprit de l'Eglise, on
n'est pas surpris de l'entendre in-
voquer saint Benoît Labre, la bienheureuse Marguerite-Marie, le saint
curé d'Ars. Il rendait hommage par
une sorte d'intuition divine, à cette
grande loi proclamée par saint Au-
gustin : que Dieu révèle et donne à
son Eglise les Saints, dont les exemples peuvent le plus utilement servir
aux générations qu'elle a mission de
sanctifier.

La maladie d'Edouard Keittinger
coïncidait avec le grand mouvement
des pèlerinages qui entraînait les

populations catholiques vers le sanc-
tuaire où le Sacré-Cœur s'était
révélé, et auquel il s'associait par les
aspirations les plus intimes de son
âme ; et il invoquait Benoît Labre
que l'Eglise propose aux pèlerins
comme patron et comme modèle, et
Marguerite-Marie, qui nous aidera
à comprendre les richesses du Sacré-
Cœur, et le vénérable curé d'Ars, à
la canonisation duquel il savait que
l'Eglise était prête à mettre la
main.

Après avoir ainsi distingué dans
l'armée céleste ces grands saints, il
s'adressait à son patron et aux pa-
trons de tous les membres de sa famille, au nombre desquels il avait,
disait-il, la ferme espérance qu'il
pouvait compter sa bonne petite
mère. Le cher enfant ! il gardait trop
bon souvenir de sa pieuse vie et de
sa sainte mort, pour n'être pas auto-
risé à lui donner sa place au cata-

logue des amis d'en haut, par l'intercession desquels il demandait, avec la grâce de bien vivre, celle de bien mourir. Cette dernière grâce ne devait pas se faire attendre longtemps.

Vers le milieu d'octobre, Edouard Keittinger perdait visiblement, de jour en jour ses forces, et tous sentaient que l'on touchait à la crise fatale. Plusieurs fois déjà, il avait reçu le Saint Viatique, avec une paix et une joie spirituelles, qui étaient la récompense de sa tendre piété, et la consolation de ses proches. Mais il n'avait point encore reçu l'Extrême-Onction. Une légère amélioration s'étant manifestée dans son état, son confesseur crut qu'il pouvait attendre, pour lui administrer ce Sacrement, qu'il fut de retour d'un voyage qui lui était impossible de retarder, et qui devait durer plusieurs jours. Mais parce qu'il tenait à assister jusqu'à la dernière heure

son cher malade ; il avait eu soin
d'indiquer les diverses stations où il
pourrait être averti de la situation.
Dès le lendemain de son départ, il
reçut un télégramme qui était de nature à lui donner des inquiétudes ;
il revint en toute hâte, courut auprès
de son malade, et lui proposa les derniers Sacrements.

Quoiqu'il n'eût aucun doute sur
les dispositions de son pénitent, il
crut devoir poser la question de ma-
nière à lui épargner une trop vive
émotion : ces précautions n'étaient
pas nécessaires. Edouard accueillit
avec autant d'empressement que de
reconnaissance, la proposition du
ministre de Dieu ; un sourire plus
bienveillant que jamais, illumina
son visage. « Je n'ai pas peur, dit-il,
je sais trop quels trésors de force et
de consolations Dieu a cachés dans
les Sacrements de son Église ; » et le
lendemain, 20 octobre, Edouard

Keittinger recevait avec une sérénité angélique, les derniers secours de la religion. Son espérance ne fut pas frustrée ; tout ce qu'il en attendait, de force et de consolation, il le reçut avec surabondance. On put le voir, à cette paix surhumaine, qui ne l'abandonna pas un seul instant, pendant les six jours que dura encore la lutte suprême. L'avant-dernière nuit qui précéda le sacrifice, il avait plusieurs fois manifesté, avec une certaine vivacité, le désir de voir son médecin et son confesseur ; mais sur le conseil de la bonne religieuse qui le gardait, et qui l'avait rassuré, il n'avait plus insisté. Le lendemain, à la première visite de son confesseur, la première question qu'il lui adressa, avait pour but de savoir s'il avait bien agi, en s'en rapportant comme il l'avait fait, à l'avis de la religieuse. La réponse fut affirmative. Le samedi soir, son confesseur

le revit : après avoir résolu toutes les
questions, sur lesquelles sa conscience avait besoin d'être fixée ; il
venait de le quitter, quand au milieu
de l'escalier, on le rappela en lui
disant que, comme il arrivait assez
souvent, Edouard voulait lui parler.
Il sentait que la nuit serait pénible,
et il voulait savoir au juste, ce qu'il
faudrait faire, s'il était poursuivi de
ce qu'il appelait la tentation de la
nuit précédente : « Si je me sens plus
« mal cette nuit, faudra-t-il vous
« demander, ainsi que M. Daubeuf?
« demanda-t-il ? » Et afin qu'il fut
bien prouvé que sa perplexité ne
venait pas d'une frayeur naturelle,
mais qu'elle avait son principe dans
l'exquise délicatesse de sa conscience,
il ajouta : « Quant à M. Daubeuf,
« c'est bien inutile ! Mais vous ! »
Le confesseur le tranquillisa, en lui
disant qu'il devait comme la veille,
s'en rapporter à la sœur. L'organe

de la volonté de Dieu avait prononcé ; Edouard Keittinger savait désormais ce qu'il aurait à faire. La victime était prête, la mort pouvait frapper son dernier coup. Elle le frappa le dimanche, 26 octobre, à neuf heures du matin.

Redirai-je les détails de cette scène sublime :

J'en veux au moins retracer quelques-uns.

Ceux dont la mission est d'assister les mourants ; que dis-je, ceux qui ont assisté une fois seulement à une de ces morts chrétiennes, dont on a pu dire qu'il s'en échappe un parfum d'immortalité, savent que sur la terre, il n'y a point de spectacle qui puisse nous donner une idée plus sensible des éternelles réalités d'en haut.

« Toute une famille, comme dit
« Mg[r] Gerbet, ensevelie dans un
« pieux silence, où l'on n'entend

« que des larmes, qui tombent sur
« des livres de prières ; et au milieu
« de ce prosternement général, la
« tête seule du mourant, dominant,
« calme et sereine, toutes ces têtes
« inclinées par la douleur. » Je pour-
rais ajouter comme lui : « Et si ce
« divin spectacle, si expressif, si
« parlant, n'était lui-même qu'un
« voile qui couvrait d'autres mer-
« veilles saintes ; » si je disais que le
père, qui était là, avait demandé pour
son enfant, la foi, plutôt que le bonheur, plutôt que la vie même ; on
comprendrait ce que j'ai vu ; on comprendrait d'où lui venait ce courage,
qui le tenait là, debout, auprès du
chevet du mourant, qui allait en
quelque sorte, emporter dans la
tombe, plus que la moitié de sa propre vie ; armé de son crucifix, et
trouvant dans sa foi, la force de ré-
péter à ce cher agonisant, les hé-
roïques exhortations qu'adressait à

son plus jeune fils, la mère des sept Machabés : « Mon enfant, je t'en « conjure, regarde le Ciel ! [1] » et ces paroles, passant à travers les éclats du cœur brisé du père, allaient jusqu'à l'âme du fils ; elles tombaient sur elle comme une douce rosée, qui la rafraîchissait au milieu des brûlantes ardeurs de l'agonie. Nous pouvions le croire, lorsque nous voyions passer sur ses lèvres décolorées, le sourire qui les effleurait de temps en temps. Nous pouvions bien croire aussi, qu'aux prières et aux exhortations des amis de la terre, s'unissaient les consolantes visions de ces amis du Ciel, qu'il s'était efforcé de se rendre favorables, et auxquels il s'était si instamment recommandé pour l'heure de sa mort ; et c'est dans cette espérance, que nous l'avons vu exhaler son dernier soupir.

[1] 2 Mac., 7.28.

Il n'assistait pas à ce grand spectacle, mais il en avait entendu raconter les détails, et certainement, il pensait à Edouard Keittinger, il pensait à sa famille, le prêtre pieux qui l'avait connu et aimé, et qui, quelques mois après, faisait dans la chaire de Saint-Gervais, ce touchant commentaire, d'une parole du Cantique des Cantiques, qui nous montre le Seigneur, descendant du Ciel, pour se promener dans ses jardins, et y cueillir des lis.

« Hélas ! s'écriait-il, les foyers
« chrétiens ne sont pas à l'abri des
« plus dures épreuves, ni des plus
« poignantes séparations. Mais lors-
« qu'un père chrétien ou une mère
« chrétienne nous apparaissent sous
« des vêtements de deuil, en vérité
« nous ne savons de quoi nous
« étonner le plus, ou de l'immensité
« de la douleur, ou de l'héroïsme de
« la résignation.

« Oh! que la religion trouve alors,
« pour porter la consolation dans ces
« cœurs brisés, d'admirables accents.

« Il me semble l'entendre dire :
« Vous aviez un parterre, et dans ce
« parterre des fleurs rares et pré-
« cieuses, que vous aviez soignées
« avec d'ineffables amours. Vous les
« aviez entourées d'une haie vive,
« pour les mettre à l'abri du vent
« d'orage et de la main des passants.
« Chaque jour, et c'était là votre
« unique bonheur, vous veniez les
« contempler avec ravissement, et
« vous enivrer avec délices de leurs
« premiers parfums.

« Mais ce parterre était à Dieu
« avant d'être à vous. Un jour, selon
« la douce et consolante parole de
« l'Ecriture, Dieu aussi est descendu
« vers son parterre pour y cueillir
« des lis. *Descendit in hortum ut*
« *lilia colligat* [1]. Son regard s'est

[1] *Cant. des Cant.*, 6, 1.

« arrêté sur un lis, et ce lis, il l'a
« trouvé assez beau et assez pur pour
« son jardin du Ciel. Ce jour-là,
« votre parterre a compté une fleur
« de moins, et le Ciel un Ange de
« plus.

« C'est donc au Ciel qu'il faut lever
« maintenant vos yeux mouillés de
« larmes. C'est là qu'est votre trésor,
« c'est là qu'est votre cœur, c'est là
« aussi qu'est votre couronne. »

Pour moi, à qui le Ciel a fait cette
grâce de suivre, dans toutes ses
phases, ce drame tout à la fois si
simple et si grand, je ne saurais
trouver nulle part, des paroles qui
expriment mieux les sentiments qui
ont rempli mon âme, que la conclusion de Mg^r Gerbet, au dialogue
auquel j'ai emprunté ma première
page :

« Non, je ne puis vous dire ce que
« j'ai vu et senti. J'ai lu autrefois
« les Méditations des Sages, sur le

« monde futur. Je les ai interrogés
« sur les secrets de la mort et de la
« vie; mais les clartés que j'en ai
« reçues, sont bien ternes, près des
« révélations qui ont éclairé cette
« sainte et grande mort. Jamais je
« n'ai senti si vivement, en deça de
« la tombe , la présence de ce qui
« est au-delà. Jamais le voile, qui
« s'étend entre les deux mondes, ne
« m'a paru si transparent. Jamais je
« n'ai eu une pareille intuition de
« notre immortalité. Je prie Dieu de
« me réserver ce souvenir pour l'ins-
« tant de ma mort; car s'il me réap-
« paraît alors, il me semble que mes
« dernières pensées de la terre, iront
« se joindre, par une transition plus
« douce, à la première vision qui
« suit le grand réveil. »

IMPRIMÉ PAR E. CAGNIARD, ROUEN.

IMPRIMÉ A ROUEN PAR E. CAGNIARD.